게리 채프먼의
단단한
결혼생활
만들기

5 SIMPLE WAYS TO STRENGTHEN YOUR MARRIAGE
by Gary Chapman

This book was first published in the United States by Northfield Publishing
with the title 5 Simple Ways to Strengthen Your Marriage
Copyright © 2020 by Gary Chapman
All rights reserved.

The 5 Love Languages is a registered trademark of The Moody Bible Institute of Chicago
in the United States and other Jurisdictions.

Korean Edition published by Word of Life Press, Seoul 2021
Translated by permission.

Printed in Korea.

게리 채프먼의 단단한 결혼생활 만들기

ⓒ 생명의말씀사 2021

2021년 6월 11일 1판 1쇄 발행

펴낸이 | 김재권
펴낸곳 | 생명의말씀사

등록 | 1962. 1. 10. No.300-1962-1
주소 | 서울시 종로구 경희궁1길 6(03176)
전화 | 02)738-6555(본사) · 02)3159-7979(영업)
팩스 | 02)739-3824(본사) · 080-022-8585(영업)

기획편집 | 유선영, 구자섭
디자인 | 박소정
인쇄 | 영진문원
제본 | 정문바인텍

ISBN 978-89-04-14151-7 (03230)

저작권자의 허락없이 이 책의 일부 또는 전체를
무단 복제, 전재, 발췌하면 저작권법에 의해 처벌을 받습니다.

게리 채프먼의
단단한
결혼생활
만들기

contents

들어가는 글 _ 7

chapter 1 **첫 번째 방법** 말 폭탄 던지기를 중지하라 _ 13

chapter 2 **두 번째 방법** 감정의 벽을 허물라 _ 27

chapter 3 **세 번째 방법** 서로 사랑의 언어를 사용하라 _ 43

chapter 4 **네 번째 방법** 팀워크의 가치를 배우라 _ 63

chapter 5 **다섯 번째 방법** 날마다 차분히 경청하는 시간을 가져라 _ 77

나가는 글 _ 91

들어가는 글

 코로나19라는 거친 바다에 직면하여, 어떤 사람들은 우리가 모두 같은 배를 타고 있다고 말한다. 하지만 이는 사실이 아니다. 어떤 배에는 어린 자녀들이 함께 타고 있고 또 어떤 배에는 대학생 자녀가 같이 타고 있다. 부부 단둘이 타고 있는 경우도 많다. 두 사람 다 건강할 수도 있지만, 둘 중 하나가 병들었을 수도 있다. 직장에 다닐 수도 있고 은퇴했을 수도 있다. 그렇다. 우리는 모두 같은 배에 타고 있지 않다. 하지만 우리 모두의 삶은 코로나19라는 폭풍이 몰려오기 전과는 많이 달라졌다.
 어떤 사람들은 "자가격리" 명령(shelter-in-place, 집 안에서 머물면서 특별한 일이 아니면 집 밖으로 나오지 말라는 행정명령)이 해제되면 이혼율

이 치솟으리라고 예측한다. 중국에서 비슷한 일이 벌어졌다는 보고가 있다. 이혼을 유발한 것은 격리가 아니라 사람이다. 코로나19가 발생하기 이전에 결혼생활에 금이 가 있었다면, 코로나19로 인해 집에 함께 있는 시간이 늘어남에 따라 그 사실이 드러난 것뿐이다. 결혼생활이 건강하다면 집 안에 갇혀 사는 동안에도 아주 잘 지낼 것이다.

이 책은 모든 결혼한 부부들을 위한 책이다. 당신의 결혼생활은 더 나아질 수 있다. 결혼생활은 정적이지 않다. 그것은 날마다 더 좋아지기도 하고 더 나빠지기도 한다. 코로나19 팬데믹은 우리의 환경을 바꿔놓았을까? 의문의 여지없이 그렇다! 많은 사람들이 코로나19로 인해 경제적인 어려움을 겪고 있으며, 그로 인해 염려가 많다. 아이들이 있는 가정의 경우, 이제 하루 24시간 아이들을 돌보게 되었다. 많은 부모들이 학교가 문을 닫은 이후로 학교 선생님들에 대한 감사의 마음이 더 커졌다고 말한다. 코로나19로 인해 우리의 일상이 달라졌고, 이는 종종 스트레스를 낳는다. 그러나 어떤 변화도 결혼생활을 결코 깨뜨리지 못한다.

우리 인간은 놀라우리만큼 적응력이 강하다. 우리는 태도를 선택하고 행동을 선택한다. 그러나 감정을 선택하지는 않는다. 우리는 짜증이 나고 화가 날 수도 있고, 행복하고 사랑받는다고 느낄 수도 있다. 감정은 우리에게 영향을 미치지만, 그렇다고 반드시 우리의 행동을 컨트롤하는 것은 아니다. 우리 사회는 감정을 우리의 삶을 인도하는 길잡이별처럼 여긴다.

당신은 사람들이 "내 감정에 솔직해져야 해."라든가 "마음 가는 대로 해." 같은 말을 하는 것을 들어보았을 것이다. 그들은 감정에 기초하여 결정을 내리는 것이다. 부정적인 감정 상태에서 내린 결정은 종종 결혼생활이나 자녀들에게 좋지 못한 결과를 초래한다. 내 말을 오해하지 말기 바란다. 내 말은 감정이 인간성의 중요한 일부이긴 하지만, 거기에 우리의 행동이 좌우되어서는 안 된다는 뜻이다.

위기가 닥쳤을 때, 우리는 태도와 행동의 힘을 재발견할 필요가 있다. 긍정적인 태도를 선택하면 훨씬 더 현명한 결정을 내릴 수 있다. 태도란 우리가 믿기로 선택한 것이다. 부정적인 태도는 이렇게 말한다.

"우리의 결혼생활은 결코 나아지지 않을 거야."
"사람은 바뀌지 않아."

"이 위기로 인해 결혼생활이 파탄 날 거야."

이런 태도는 부정적인 감정에서 비롯된 잘못된 믿음이다. 긍정적인 태도는 이렇게 말한다.

"지금은 힘든 시기이지만, 우리는 꼭 이겨낼 거야."
"현재의 위기를 우리의 결혼생활과 아이들의 삶을 더 풍요롭게 하는 계기로 만들어야 해."
"우리는 달라져야 해. 먼저 나부터 달라지기로 하자."

이 짧은 책에서 내가 하고자 하는 것은 결혼생활을 개선하고 자녀 양육을 위한 보다 좋은 환경을 만드는 데 도움이 되는 5가지 방법을 나누는 것이다. 자녀에게는 서로 사랑하고 배려하고 지지하는 부모의 모습을 보여주는 것보다 더 좋은 선물이 없을 것이다. 나는 당신이 그런 종류의 결혼생활을 해나갈 수 있다고 믿는다. 그러므로 당신의 결혼생활이 견고하든 삐걱거리든 지금의 위기를 헤쳐나가는 과정에서 더 좋게 만들어가자.

내가 제시하고자 하는 5가지 방법은 40년간의 부부 상담을 통해 나온 것이다. 나는 이 간단한 방법이 파국을 막고 결혼생활에 크게 도움이 되는 것을 보아왔다. 다음에 이어지는 짧은 장(章)들에서는 결혼생활을 좀 더 단단하게 만들어줄 5가지 방법을 보여주고자 한다. 이상적으로는 당신과 배우자가 함께 한 장씩 읽고 거기에 나오는 내용을 결혼생활에 적용할 방법을 토론할 수 있어야 하겠지만, 배우자가 원치 않는다면 억지로 읽게 할 수는 없을 것이다. 하지만 부부가 함께 이 책을 읽고 그 읽은 내용을 실생활에 적용하면, 결혼생활이 훨씬 더 긍정적인 방향으로 나아가게 될 것이다. 그리고 당신 안에서 일어나는 변화를 지켜보는 동안 배우자도 달라지기 시작할 것이다. 우리 모두는 다른 사람들이 우리를 대하는 방식에 영향을 받는다.

5 simple ways
to strengthen
your marriage

chapter 1

첫 번째 방법

말 폭탄 던지기를 중지하라

"막대기와 돌은 내 뼈를 부러뜨릴 수 있지만, 말은 나를 다치게 하지 못한다"는 옛말은 완전히 잘못되었다. 말에는 엄청난 파괴력이 있다. "죽고 사는 것이 혀의 힘에 달렸다"(잠 18:21)는 고대 히브리어 잠언에서 이 진리를 발견할 수 있다. 우리는 어떻게 말하느냐에 따라 관계를 파괴할 수도 있고 되살릴 수도 있다. 우리 입에서 나오는 모든 말은 폭탄(bomb)이 되거나 향유(balm)가 되거나 둘 중 하나이다. 폭탄은 파괴한다. 향유는 진정 작용과 치유 작용이 있는 향기로운 기름이다. 엄격하고 잔인하고 냉소적인 말은 폭탄처럼 상대방의 가슴속에서 폭발한다. 반면에 친절하고 다정한 말, 인정하는 말은 상대방의 가슴을 치유하는 향유와도 같다. 불행히도 우리는 때때로 배우자에게 말 폭탄을 던진다.

"당신은 뭐 하나 제대로 하는 게 없어."
"당신은 당신 아버지(또는 어머니)와 똑같아. 무책임하기 이를 데 없다구."
"휴대폰 좀 내려놓고 내 말을 들어줄 수는 없겠어?"
"산책하러 갈 때 아이들도 데려가. 내겐 휴식이 필요하다구."
"내가 먼저 시도하지 않으면, 당신은 나에게 스킨십을 하려고 하지 않아."
"내가 연어요리를 좋아하지 않는 걸 알면서 왜 한 거야?"
"당신이 하루 종일 게임을 해서 미칠 것 같아."

이런 말 폭탄은 분노에서 나온다. 분노는 부당한 대우를 받았다고 믿을 때 느끼는 감정이다. 가끔은 우리의 분노가 정당한 것일 때도 있다. 이를테면 실제로 부당한 대우를 받았을 때, 그럴 때는 애정에 기초하여 배우자에게 설명을 요청하고 화해를 시도해야 한다. (여기에 대해서는 2장에서 보다 자세히 다루기로 한다.)

그러나 많은 경우, 우리의 분노는 왜곡되어 있다. 배우자는 우리를 부당하게 대하지 않았다. 단지 우리가 보기에 적절한 방식으로 대하지 않았을 뿐이다. 혹은 우리가 원하는 방식으로 대하지 않았을 뿐이다.

예를 들어서, 나는 아내가 식기 세척기에 그릇을 쌓아놓는 것을 보고 화를 낸 적이 있다. 나는 정돈된 것을 좋아하는 사람이라 식기 세척기에 그릇을 넣을 때도 그릇이 깨지지 않고 또 모든 그릇이 골고루 닦이도록 잘 정리해서 넣는다. 하지만 캐롤린은 아무렇게나 쌓아놓는다. 나는 화가 나서 캐롤린에게 심한 말을 했다. 그것이 우리의 결혼생활에 도움이 되었을까? 아니다! 캐롤린은 내가 그녀에게 말한 방식에 대해 화를 냈다. 말 폭탄은 대개 보복을 부른다. 내가 캐롤린에게 말 폭탄을 던지면 캐롤린도 내게 말 폭탄을 던지고, 이런 식으로 우리가 그토록 원하던, 애정에 기반한 결혼생활은 파괴되는 것이다.

하루 24시간을 함께 지내다 보면, 성격 차이로 인한 갈등이 불거지기 마련이다. 문제는 이 갈등을 어떻게 다루느냐이다. 어떤 사람들은 화가 나서 상처가 되는 심한 말을 쏟아낸다. 또 어떤 사람들은 입을 꾹 다물고 아무 말도 하지 않는다. 두 경우 모두 관계에 아무런 도움이 되지 않는다. 좋은 말로 상대방의 이해를 구하는 편이 훨씬 더 나은 선택이다. 내가 캐롤린에게 이렇게 말했더라면 어땠을까?

"여보, 당신이 식기 세척기에 그릇을 넣어주는 것에 대해 진심으로 고맙게 생각해. 하지만 당신이 그 일을 하고 싶지 않다면 내가 할게. 나는 기꺼이 당신을 도울 준비가 돼 있어."

어떤가, 상대방을 배려하는 마음이 느껴지지 않는가?

혹자는 이렇게 말할 것이다.

"그건 자연스럽지 않아요. 화가 났을 때 그런 식으로 말하는 사람은 아무도 없어요."

사실 화가 났을 때의 자연스러운 반응은 말 폭탄을 던지는 것이다. 그러나 "자연스러운" 무언가를 한다고 해서 결혼생활이 더 나아지지는 않는다. 건강한 결혼생활을 위해서는 분노에 지배당하지 않고 오히려 분노를 지배하는 법을 배우는 것이 더 중요하다.

폭탄은 일단 던지고 나면 터지게 되어 있다. 말 폭탄은 결코 우리를 올바른 방향으로 인도하지 않는다. 내가 말 폭탄 던지기를 중지하라고 제안하는 이유이다. 당신 부부에게 말 폭탄 던지기가 일상적인 일이든 아니면 어쩌다 한 번 있는 일이든, 이제 그만 중지해 보자. 요즘 많은 부부가 한 공간에 있는 시간이 늘어난 만큼 말 폭탄 던지기를 중지하고 휴전을 선언할 기회가 많이 있을 것이다.

휴전은 폭탄 던지기를 중지하고 관계에 대해 이야기할 수 있는 평화로운 분위기를 만들기로 합의하는 것이다. 역사를 보면, 다수의 국제 분쟁이 당사국 간의 휴전과 협상을 통해 해결되었다. 나는 다수의 결혼 관계 역시 평화를 찾을 수 있으리라 믿지만, 그러기 위해서는 먼저 폭탄 던지기를 중지해야 한다.

만약 당신의 배우자가 이 책을 읽으려 하지 않는다면 어찌할 것인가? 그렇다고 해도 희망은 있다. 당신이 결혼 관계에 변화가 필요하다고 생각하고 폭탄 던지기를 그만두면 적어도 폭탄이 터지는 일은 줄어들 것이다. 그리고 배우자 혼자 계속해서 폭탄을 던져봐야 오래지 않아 폭탄이 떨어질 것이다. 상대방이 마주 던지지 않는데 계속해서 폭탄을 던지기는 어렵다.

이제 2단계로 넘어간다. 만약 이 휴전 기간 동안 당신이 말 폭탄을 말 향유로 바꾸기 시작하면 어떻게 될까? 불평을 감사로 바꾸면 어떻게 될까? 배우자에 대해 감사해야 할 점을 찾아보면? 찾으려고 하면 분명 찾을 수 있을 것이다.

전에 어떤 여성과 나눈 대화가 기억난다. 그녀가 말했다.

"남편에게 뭔가 좋은 말을 해줄 수 있으면 좋겠지만 솔직히 그에게서 좋은 점을 찾을 수가 없어요."

나는 잠깐 생각한 뒤 말했다.

"흠, 남편 분이 샤워를 하시나요?"

그녀가 대답했다. "네."

내가 물었다. "얼마나 자주 하시죠?"

그녀가 대답했다. "매일 하지요."

내가 말했다. "저라면 거기서부터 시작하겠습니다. 남편에게 '여보, 전에 이런 말을 한 적이 없는데, 당신이 날마다 샤워를 하는 것에 대해 늘 고맙게 생각해요. 샤워를 매일 하지 않는 남자들도 있는데, 당신은 날마다 샤워를 해서 얼마나 고마운지 몰라요.'라고 말하는 장면을 상상해보세요."

남자든 여자든 고마워할 점이 하나도 없는 사람은 없다. 당신의 배우자도 예외가 아니다.

우리 중 어떤 사람들은 감사 표현을 하는 데 익숙하다. 우리는 인정하는 말을 들으며 자랐고, 누군가가 우리에게 무언가를 주면 "감사합니다"라고 말하는 법을 배웠다. 식사할 때에도 밥을 먹고 나면 "잘 먹었습니다"라고 말하곤 했다. 당신도 그런 경험이 있다면 배우자에게 말로 고마움을 표현하는 게 자연스럽게 느껴질 것이다. 그러나 자라면서 인정하는 말을 별로 듣지 못한 사람들도 있는데, 그런 경우에는 고맙다는 말을 하는 게 부자연스럽게 느껴질 수 있다. 하지만 쉽든 어렵든 우리 모두는 고마운 마음을 표현하는 법을 배울 수 있다.

한번은 아내에게 감사 표현을 하는 게 서툰 한 남편과 대화를 나눈 적이 있다. 그가 말했다.

"저는 아내에게 고맙다고 말하는 게 어색합니다."

나는 그가 골프를 좋아한다는 것을 알고 있었고, 그래서 이렇게 말했다.

"골프를 처음 칠 때도 어색했을 겁니다. 그렇지 않나요?"

"맞아요. 처음엔 정말 형편없었답니다. 호수에 빠뜨린 공이 열 개도 더 되었으니까요."

"그런데 어떻게 해서 잘 칠 수 있게 되었지요?"

"조금씩 치다 보니 늘더군요. 물론 훌륭한 코치가 있었구요."

"그렇다면 제가 코치가 되어드리겠습니다. 부인에게 고마움을 표현하는 것도 조금씩 계속하다 보면 자연스럽게 느껴질 겁니다."

그는 동의했고, 결국 아주 근사한 남편이 되었다.

내가 이 남편에게 제안한 것 중 하나는 감사 노트를 쓰는 것이었다. 그는 첫 페이지에 "아내에 대해 감사하게 생각하는 것"이라고 제목을 썼다. 나는 다음 주까지 감사한 것 세 가지를 써오게 했다. 그가 써온 것은 매우 일반적인 내용이었다.

1. 아내는 요리를 잘 한다.
2. 아내는 좋은 엄마다.
3. 아내는 훌륭한 교사다.

우리는 여기서부터 시작했다. 나는 그가 쓴 각각의 문장 옆에 이렇게 적었다.

1. 여보, 내가 이런 말을 한 적이 별로 없는 것 같은데, 당신은 요리를 정말 잘해. 당신이 해준 모든 음식에 대해 진심으로 고맙게 생각해.
2. 메리(그의 아내의 이름), 나는 늘 당신이 좋은 엄마라고 생각해 왔어. 당신이 아이들에게 해준 모든 일에 대해 고맙다고 말하고 싶어.
3. 이번 주에 학생들 가르치는 것은 어땠어? 그 아이들의 부모님들은 당신에게 고마워할 게 틀림없어. 내가 보기에 당신은 정말 훌륭한 선생님이니까.

그러고는 그에게 위의 문장들을 소리 내어 읽게 했다. 그는 머뭇머뭇하면서도 끝까지 읽었다.

"이번 주에는 거울 앞에 서서 이 문장들을 하나씩 소리 내어 읽으세요. 최소한 하루에 두 번은 읽으셔야 합니다."

내가 말했다.

"그게 다인가요?" 그가 물었다.

"이번 주에는 그게 답니다." 내가 대답했다.

그다음 주에 나는 그에게 노트를 보지 않고 이 문장들을 말하게 했고, 그는 썩 잘 해냈다.

"좋아요. 이제 앞으로 3주 동안은 이 문장들을 한 주에 하나씩 메리에게 말해주세요. 시간과 장소는 마음대로 정하시되, 매주 이 세 가지 중 하나에 대해 메리에게 고마움을 표현해야 합니다." 내가 말했다.

"그건 정말 어려운 일인걸요." 그가 말했다.

"압니다. 하지만 당신처럼 골프를 잘 치는 분은 할 수 있을 겁니다." 내가 말했다.

우리는 둘 다 웃음을 터뜨렸고, 잠시 후 그가 말했다.

"한번 해보겠습니다."

"바로 그겁니다. 한번 해보는 거예요."

사무실을 나가는 그의 등에 대고 내가 말했다.

3주 후에, 그가 미소 띤 얼굴로 내 사무실에 들어섰다.

"어떻게 됐습니까?" 내가 물었다.

"지난 주에 마지막 문장을 말했을 때 아내가 그러더군요. '나한테 칭찬을 이렇게 많이 하다니, 어찌 된 일이에요?'"

"그래서 뭐라고 말씀하셨어요?"

"내가 그녀에게 얼마나 고마워하고 있는지 표현하는 법을 배우는 중이라고 했지요. 그랬더니 아내가 '당신은 정말 다정한 사람이에요. 사랑해요.'라고 말하더군요. 그런 말을 들은 것은 정말 오랜만이라 기분이 좋았습니다."

나는 다시금 고마움을 표현하는 것의 힘을 깨달았다.

우리는 고마움을 표현할 수 있는 것들의 범위를 점차 넓혀갔다. 아내의 성격과 관련하여 그가 좋아하는 것들에 초점을 맞추자 꽤 여러 가지가 나왔다. 그는 아내가 그를 위해 해준 것들에 대해 고마움을 표현하기 시작했다. 아내의 옷차림에 대해서도 근사하다고 말하기 시작했으며, 아내가 골프광인 그를 참아주고 그가 죄의식을 느끼지 않고 골프를 치러 갈 수 있도록 배려해주는 것에 대해서도 고마움을 표현하게 되었다. 그리하여 9개월 만에 그는 아내의 눈에 만점짜리 남편이 되었다.

당신은 배우자에게 감사 표현을 하는 게 쉬울 수도 있고 대단히 어려울 수도 있을 것이다. 만약 후자의 경우라면 이 이야기가 도움이 되었기를 바란다. 과거의 경험이 현재의 삶을 파괴하지 못하게 하라. 부부가 함께 있는 시간이 늘어난 요즘, 말 폭탄을 말 향유로 바꿈으로써 보다 나은 관계를 만들어가는 법을 배우자.

적용

❶ 휴전 협정을 맺으라. 만약 배우자에게 휴전할 의사가 없다면 당신만이라도 휴전 협정서에 서명하라. 종이에 다음과 같이 적은 뒤 날짜를 기록하고 서명하라.

"우리는 심한 말이 우리 관계에 해가 된다는 것을 안다. 따라서 그런 말을 사용하는 것을 중지하기로 한다. 우리는 서로에게 말 폭탄을 던지는 것을 중지할 뿐만 아니라 부정적인 말을 고마움을 표현하는 긍정적인 말로 바꾸려고 노력할 것이다."

❷ 감사 노트를 쓰라.
이번 주에 배우자에게 고마웠던 것 3가지를 적으라.
앞으로 6주 동안 매주 2가지씩 더 첨가해나가라.

_____

_____

_____

application

❸ 적어도 일주일에 한 번은 배우자에게 말로 고마운 마음을 표현하라.

_____

_____

_____

❹ 배우자에게 심한 말을 했을 경우, 일단 마음을 가라앉힌 뒤 그에게 가서 사과하라. (여기에 대해서는 2장에서 보다 자세히 다루기로 한다.)

5 simple ways
to strengthen
your marriage

chapter 2

두 번째 방법

감정의 벽을 허물라

    남편과 아내 사이에 감정의 벽이 있으면 결혼생활을 잘해나가기가 힘들다. 벽은 블록이 하나씩 쌓여서 만들어진다. 한 부인이 내게 말했다.

    "어제 제가 쓰레기를 버릴 때 새 쓰레기봉투를 꺼내놓지 않았다고 남편이 제게 게으르다고 했답니다. 그건 정말 상처가 되는 말이었어요."

    "남편이 사과를 했나요?" 내가 물었다.

    "아니요, 아마 사과하지 않을 거예요." 그녀가 대답했다.

두 사람 사이에 블록이 하나 놓인 것이다. 크든 작든 문제가 생겼을 때 이를 해결하지 않으면 감정의 벽에 또 하나의 블록이 쌓인다. 많은 부부가 두 사람 사이에 길고 두꺼운 벽을 쌓는다. 그들은 이혼을 고려하는 중이거나 룸메이트처럼 한집에 살면서 따로 생활하는 사람들이다. 벽은 시간이 지난다고 사라지지 않는다. 그리고 같은 집에 살 경우, 그 벽은 삶을 더 힘들게 한다.

물론 모든 부부 사이에 벽이 있는 것은 아니다. 그러나 모든 부부는 때때로 서로에게 상처를 준다. 고의적으로 상처를 줄 때도 있고 의도치 않게 상처를 줄 때도 있지만, 어쨌거나 상처는 감정의 벽을 쌓는 블록이 된다. 블록을 없애는 방법은 단 하나, 사과와 용서이다. 서로 사과하고 용서하지 않으면 상처는 벽을 구성하는 첫 번째 블록이 된다. 그러나 진심으로 사과하고 용서하면 벽이 생기지 않는다.

사과와 용서는 장기간의 건강한 결혼생활에 필수적이다. 완벽한 남편이나 아내는 없기 때문이다. 결혼생활을 주제로 한 한 강연회에서 강사가 "완벽한 남편을 아시는 분이 있나요?"라고 묻자 한 남자가 손을 들고 대답했다.

"제 아내의 첫 번째 남편이요."

완벽한 남편은 늘 이미 고인이 된 사람들뿐인 듯하다. 건강한 결혼생활을 위해 완벽해질 필요는 없지만, 서로의 잘못을 효율적으로 다룰 필요는 있다.

그러므로 이제 사과와 용서에 대해 이야기해보자. 우리는 사과하는 법을 어디서 배우는가? 대개 부모나 부모 역할을 대신한 양육자에게서 배운다. 어린 조니가 여동생을 밀칠 때 조니의 어머니는 "조니, 동생에게 그러면 못써! 가서 미안하다고 말하렴."라고 말한다. 그래서 조니는 설령 미안한 마음이 없을지라도 가서 "미안해"라고 말한다. 조니가 커서 결혼을 했는데 아내에게 상처를 주었다고 하자. 그는 뭐라고 말할까? 아마도 "미안해"라고 말할 것이다. 우리가 조사한 바에 의하면, 미국 전체 인구의 10퍼센트는 사과하는 일이 거의 없으며 그들 대부분이 남성이다. 그들은 그것을 그들의 아버지에게서 배웠다. 어릴 때 아버지에게서 "진짜 사나이는 사과하지 않는다"라는 말을 듣고 자란 것이다. 그런 사람들에게 이렇게 말해주고 싶다.

"당신의 아버지는 좋은 분일 테지만, 잘못 알고 계셨네요. 진짜 사나이는 사과를 합니다. 사실 사과와 용서를 모두 하는 사람이 진짜 사나이지요."

우리는 부모님이 다른 만큼 우리가 생각하는 사과의 의미도 서로 다르다. 메리의 어머니는 메리에게 "잘못했어. 그래서는 안 되는 거였는데. 용서해주기 바래." 라고 말하도록 가르쳤다. 그래서 남편인 조니가 "미안해"라고 말할 때, 메리는 그것을 진지한 사과로 여기지 않는다. 우리 모두는 누군가가 사과할 때 그가 진심인지 궁금해 한다. 진심이라는 판단이 서면 상대방을 용서하기가 훨씬 쉽다. 그러나 우리는 진심인지 여부를 상대방이 어떻게 사과하느냐를 보고 판단한다. 우리는 사람들이 사과하는 방식이 몇 가지가 있음을 발견했다. 하나는 유감을 표명하는 것으로, 여기에는 대개 "미안해"라는 말이 수반된다. 그러나 미안하다는 한마디로 그치지 말고 무엇이 미안한지를 구체적으로 말하는 편이 좋다.

"화를 내고 소리 질러서 미안해." 하는 식으로 말이다. 그리고 "하지만"이라는 말은 사용하지 않는 게 좋다.

"화를 내고 소리 질러서 미안해. 하지만 당신이 ~하지 않았다면 내가 ~하는 일도 없었을 거야."

이렇게 되면 당신은 더 이상 사과하는 게 아니다. 당신은 자신의 잘못된 행동에 대해 상대방을 비난하고 있는 것이다.

또 다른 일반적인 사과 방식은 자신의 행동에 대해 책임을 인정하는 것이다. 메리가 "잘못했어. 그래서는 안 되는 거였는데"라고 말했을 때, 그녀가 한 것이 바로 이것이다. 또 어떤 사람들은 진실한 사과에는 반드시 보상이 따라야 한다고 생각한다.

"이것을 바로잡기 위해 내가 어떻게 해야 할까?"

이들은 자신의 잘못된 행동에 대해 보상하고 싶어 한다. 또 다른 사람들은 상대방이 앞으로는 달라지겠다고 말하는 것을 듣고 싶어 한다.

"나도 이러는 내가 마음에 안 들어. 앞으로는 그러지 않을게. 이런 일이 반복되지 않도록 할 방법을 찾을 수 있게 나를 좀 도와줄 수 있을까?"

한 부인은 내게 다음과 같은 이야기를 들려주었다.

"제 남편은 아기에게 화를 낸 적이 있답니다. 남편은 우는 아기를 달래려고 아무리 애를 써도 아기가 계속해서 울자 결국 화를 내며 아기에게 소리를 질렀어요. 저는 방으로 뛰어 들어가 흐느껴 울었지요. 10분 뒤, 남편이 방문을 두드리며 들어가도 되겠느냐고 물었어요. 그는 눈물을 흘리며 방으로 들어와 자신이 한 일 때문에 얼마나 마음이 괴로운지 모르겠다고, 다시는 그러고 싶지 않다고 했어요.

우리는 앞으로 어떻게 할지 의논하다가 간단한 계획을 세웠답니다. 화가 날 때면 잠시 자리를 피하기로 한 거지요. 남편은 아이들 중 한 명에게 화가 날 것 같으면 '여보, 더워서 바람 좀 쐬고 올게.'라고 말하곤 했어요. 그러면 제가 무슨 말인지 알아듣고 아이를 얼렀지요. 남편은 동네를 한 바퀴 돌고 돌아와 '이제 괜찮아졌어. 내가 뭘 도와주면 될까?'라고 말하곤 했어요. 그게 8년 전 일인데, 그때 이후로 남편은 아이들에게 화를 낸 적이 없답니다. 바람을 쐬러 나간 적이 몇 번 있긴 하지만, 화를 낸 적은 한 번도 없어요."

의미 있는 사과를 하는 데 있어서 문제가 되는 것 중 하나는 상대방이 진심인지 여부를 우리의 잣대로 판단한다는 것이다. 상대방은 우리가 원하는 말을 하지 않기가 쉬운데, 그것은 그들이 어릴 때 부모로부터 우리가 아는 것과는 다른 사과 방식을 배웠기 때문일 것이다. 그러니까 배우자와 함께 있는 시간이 많아진 요즘, 진실한 사과에 대한 서로의 생각을 나누는 것도 좋은 방법이다.

그러면 과거에 배우자의 사과가 진실하게 들리지 않았던 이유를 알게 될 것이고, 앞으로 배우자에게 보다 의미 있는 방식으로 사과하는 법을 배울 수 있을 것이다. 또한 이제 그가 어렸을 때 배운 사과의 방식이 당신이 배운 사과의 방식과 다르다는 것을 알게 된 만큼 배우자의 사과를 진심으로 받아들일 수 있을 것이다.

용서

사과만으로는 감정의 장벽이 허물어지지 않는다. 사과에는 거기에 대한 반응이 있어야 한다. 건강한 반응은 용서하는 것이다. 용서는 선택이다. 용서하지 않기로 선택하면 장벽은 그대로 남고 두 사람의 관계는 삐걱거릴 것이다. 용서는 넓은 마음으로 장벽을 제거하는 것을 의미한다. 용서는 상한 감정을 품지 않기로 하고, 이를 표현하는 것이다. 용서할 때 당신은 배우자로 하여금 그의 잘못을 평생 갚아나가게 하지 않을 것이고, 장벽을 제거함으로써 두 사람의 관계는 앞으로 나아갈 것이다.

그러나 용서한다고 모든 게 해결되는 것은 아니다. 예컨대 용서한다고 상처받은 기억이 없어지지는 않는다. 당신은 사람들이 "잊어버리지 않았다면 용서한 게 아니다."라고 말하는 것을 들어봤을 것이다. 하지만 그것은 사실이 아니다. 우리에게 일어난 모든 일은 뇌에 저장되며, 때로는 우리가 잊어버린 후에도 기억이 되살아난다. 용서한다고 고통스러운 감정이 사라지는 것도 아니다. 기억이 되살아날 때, 여기에는 종종 감정이 수반된다. 상처와 분노, 슬픔, 그리고 그 밖의 감정들이 우리를 괴롭힌다. 이 기억과 감정들을 어떻게 할 것인가? 우리는 대체로 배우자가 사과했고 우리가 용서하기로 했음을 상기한다. 따라서 나는 그런 기억과 감정들이 내 행동을 좌우하게 두지 않을 것이다. 오늘 배우자를 위해 무언가를 할 것이다. 당신의 애정 어린 말과 행동은 배우자에게 깊이 와 닿을 것이고, 당신은 마음이 괴로움에도 불구하고 긍정적인 무언가를 한 것으로 인해 기분이 좋아질 것이다.

용서로 해결되지 않는 또 한 가지는 신뢰의 회복이다. 한 부인이 내 사무실에서 눈물을 흘리며 말했다.

"남편이 바람을 피웠어요. 그는 상대 여성과의 관계를 청산하고 제게 사과했지요. 저는 남편을 용서했지만, 솔직히 그를 신뢰할 수 없게 되었어요."

내가 말했다. "이해합니다. 용서한다고 신뢰가 회복되는 것은 아니지요. 하지만 용서는 신뢰 회복의 가능성을 열어줍니다. 시간이 지나면서 남편이 믿을 만하다고 느껴질 때 다시금 신뢰가 싹틀 겁니다."

그녀의 남편에 대한 나의 조언은 아내에게 그와 관련한 모든 것에 접근할 수 있게 허용하라는 것이었다. 그는 아내에게 이렇게 말할 수 있을 것이다.

"내 컴퓨터와 휴대폰을 들여다보고 싶다면 언제든 들여다봐.

내가 헬스장에 간다고 할 때 따라 나와서 내가 정말로 헬스장에 가는지 확인하고 싶다면 그렇게 해. 이제 당신을 속이는 일 따위는 없을 거야. 나는 당신에게 깊은 상처를 주었어. 더는 당신에게 상처 주고 싶지 않아."

그가 이렇게 다가가면 그의 아내는 다시금 그를 신뢰하게 될 것이다. 그리고 그 사이에 두 사람은 이 책에서 제시하는 5가지 방법을 실천함으로써 결혼생활을 재건해나갈 수 있을 것이다.

당신은 내가 왜 사과와 용서가 장기간의 건강한 결혼생활에 필수적이라고 했는지 이해할 수 있을 것이다. 따라서 만약 당신과 배우자 사이에 벽이 있다면, 코로나19로 인해 한 공간에 있는 시간이 늘어난 요즘이 그 벽을 허물 최상의 시기이다. 당신이 배우자에게 잘못한 것들을 기억나는 대로 적으라. 그리고 배우자에게 말하라.

"우리 관계에 대해 생각해봤어. 내가 여러 가지로 당신에게 상처를 주었다는 걸 알아. 당신에게 그렇게 해서는 안 되는 거였는데, 정말 미안하게 생각해. 내가 잘못한 것들을 기억나는 대로 적어보았는데, 여기에 대해 당신이 마음으로부터 나를 용서할 수 있는지 물어보고 싶어. 내가 당신을 힘들게 한 것들에 대해 전부 보상할 수 있으면 좋겠어. 지난 일을 되돌릴 수는 없겠지만, 앞으로는 달라질 거야. 여기 적혀 있는 것들 이외에도 내가 잘못한 게 있으면 얘기해줘. 나는 정말로 내가 한 잘못에 대해 사과하고 용서받고 싶으니까. 나는 당신에게 어울리는 남편(또는 아내)이 되고 싶어."

이런 솔직한 사과가 두 사람 사이의 벽을 허무는 첫 단계가 될 것이다. 당신의 배우자는 기꺼이 당신을 용서하려고 할 것이다. 하지만 당신이 한 말에 대해 당신의배우자는 생각할 시간과 자신의 감정과 생각을 처리할 시간이 필요할 수도 있다. 사과가 선택이듯 용서도 선택이라는 것을 기억하라. 벽을 없애기 위해서는 사과와 용서 둘 다 필요하다.

부부 사이에 벽이 없는 경우도 많다. 두 사람 중 어느 한쪽이 잘못해서 문제가 생겼을 때 바로바로 잘못을 다루고 문제를 해결한 부부에게는 벽이 없다. 그런 부부에게도 이 장은 사과와 용서에 대해 좀 더 잘 이해하고 잘못을 보다 효율적으로 다루는 데 도움이 될 것이다. 현재의 위기 상황에서 당신은 스트레스로 인해 배우자에게 상처가 되는 말이나 행동을 하게 될 수도 있을 것이다. 이럴 때 사과와 용서가 빠를수록 이어지는 장들에서 제안하는 방법들을 적용하기가 쉽다.

당신의 배우자가 평소에 사과를 거의 하지 않는 사람이라면 어떻게 해야 할까? 그런 경우에는 친절과 애정에 기초하여 배우자에게 설명을 요청하는 것이 좋다. 배우자에게 이렇게 말할 수 있을 것이다.

"마음에 걸리는 게 있는데, 지금 이야기해도 될까?"

배우자가 기꺼이 들으려고 하면, "내가 잘못 생각한 것일 수도 있는데, 내게 정말로 상처가 되는 게 있어서 그래."라고 말한 뒤, 당신에게 상처가 된 배우자의 말이나 행동에 대해 이야기하라. 그런 다음, 이렇게 말할 수 있을 것이다.

"그게 왜 상처가 되었는지 이해하겠어? 내가 잘못 생각한 거라면 당신이 상황을 설명해줄 수 있을까?"

이것이 친절과 애정에 기초하여 배우자에게 설명을 요청하라고 한 말의 의미이다.

당신의 배우자는 설명을 할 수도 있고 사과를 할 수도 있다. 어느 쪽이 되었든 당신은 이제 자유롭게 감정의 벽을 허물고 관계를 개선할 수 있게 되었다. 장벽을 제거하고 두 사람 사이에 벽이 생기지 않도록 모든 노력을 기울이는 것이 지혜의 길이다.

당신의 배우자가 당신으로 하여금 그를 용서하게 할 수 없는 것과 마찬가지로 당신도 배우자가 당신에게 사과하게 할 수 없다. 그러나 당신은 애정에 기초하여 배우자에게 설명을 요청할 수는 있다. 이러한 접근 방식은 상한 감정을 속에 쌓아두는 것보다 훨씬 더 생산적이다. 상한 감정이 쌓이다 보면 결국 언젠가는 폭발하게 되고, 그렇게 되면 사과해야 할 사람은 당신이 될 것이다.

건강한 결혼생활을 위해서는 부당한 대우를 받는다고 생각될 때, 그것을 배우자에게 이야기하라. 당신과 배우자가 이런 방식에 동의한다면, 두 사람은 결혼생활을 단단하게 만드는 큰 걸음을 내디딘 것이다.

5 simple ways
to strengthen
your marriage

적 용

❶ 당신과 배우자가 둘 다 이 장을 읽었다면 차분히 앉아서 진실한 사과에 대한 서로의 생각을 나누라. 전에는 잘못을 어떻게 처리했으며, 앞으로는 어떻게 보다 효율적으로 다룰 것인지에 대해 논의하라.

_____

_____

_____

❷ 서로에게 물어보라.

"전에 내가 당신에게 상처 주고 사과하지 않은 적이 있어? 만약 그렇다면 지금이라도 사과하고 싶어."

❸ 서로에게 물어보라.

"최근에 내가 나도 모르게 당신에게 상처 준 게 있어? 그렇다면 사과할게."

a p p l i c a t i o n

❹ 서로에게 물어보라.

"전에 당신이 사과했을 때 내가 용서했다는 느낌을 받았어?"

❻ 서로에게 물어보라. "이 장에서 또 어떤 점을 배울 수 있을까?"

만약 당신의 배우자가 이 장을 읽지 않았고, 사과와 용서에 대해 이야기하는 것에도 관심이 없다면 당신이 먼저 잘못을 사과하는 것에서부터 시작하면 어떨까? 어쩌면 당신은 배우자에게 95퍼센트 문제가 있다고 느끼고 당신의 5퍼센트에 대해 사과할 것이다. 하지만 그렇다고 해도 당신의 배우자는 당신 안에서 무언가가 일어나고 있다고 느낄 것이다. 전에는 당신에게서 비난하는 말을 들었지만 이제는 사과하는 말을 듣게 되었으므로, 상처 되는 말이나 행동을 할 때 사과하는 게 생활화되면 당신은 배우자에게 좋은 영향을 미치게 될 것이고, 오래지 않아 배우자도 당신에게 사과하기 시작할 것이다.

5 simple ways
to strengthen
your marriage

chapter 3

세 번째 방법

서로 사랑의 언어를
사용하라

    독자들 중에는 내가 쓴 『5가지 사랑의 언어』를 읽어본 사람도 있을 것이다. 그 책은 1300만 부 이상 팔렸고 전 세계 50여 개 언어로 번역되었다. 많은 부부가 그 책이 사실상 그들의 결혼생활을 구원하였다고 말한다. 당신이 그 책을 읽어봤다면 이 장의 내용은 그 책의 복습이 될 것이고, 당신이 지금의 위기 상황이라면 다시금 배우자의 사랑의 언어에 초점을 맞추는 데 도움이 될 것이다. 만약 당신이 『5가지 사랑의 언어』를 읽어본 적이 없다면, 이 장을 통해 '사랑의 언어' 개념을 접하고 배우자에게 사랑의 언어를 사용함으로써 결혼생활을 다시 회복하는 법을 배우게 될 것이다.

거의 모든 사람들은 내게 가장 중요한 사람인 배우자에게 사랑받고자 하는 정서적 필요를 가지고 있다는 점에 동의할것이다. 배우자에게 진실한 사랑을 받는다면 인생이 아름답게 느껴지고, 위기 상황에서도 어려운 문제들을 잘 해결해나갈 수 있다. 그러나 배우자에게 사랑받는다고 느끼지 못한다면 삶은 꽤나 암울해 보이고, 특히 이 불확실성의 시기에 우리의 결혼생활은 위협받을 수 있다.

우리 대부분은 배우자와 "사랑에 빠진" 시기를 떠올릴 수 있다. 그때는 의식적인 노력 없이도 행복감에 도취되어 있었다. 서로를 근사하다고 여겼고, 부모님이 연인의 단점을 지적해도 그것이 눈에 들어오지 않았다. 한 어머니가 딸에게 "얘야, 그 사람이 5년 동안이나 안정적인 직장을 구하지 못한 것을 고려해보았니?" 라고 묻자, 딸은 "그에게는 시간이 필요해요, 엄마. 그는 적당한 기회를 기다리는 중이에요." 라고 대답했다. 사랑에 빠졌을 때 우리는 장밋빛 안경을 끼고 세상을 바라본다.

어느 누구도 내게 사랑에 빠져 구름 위를 둥둥 떠다니는 듯한 시기가 평균적으로 2년 정도라는 사실을 말해주지 않았다. 아내와 나는 2년 동안 연애를 한 뒤 결혼했기 때문에 우리가 결혼한 후 나는 꽤나 빠르게 이런 도취감에서 벗어났다. 나는 '그 느낌이 사라졌어. 결혼을 잘못한 게 아닐까?' 라고 생각하던 것을 기억한다. 물론 아내에게 이야기하지는 않았지만, 확실히 그런 생각이 들었다. 지금 아는 것을 그때도 알았더라면 얼마나 좋았겠는가. 낭만적인 사랑에는 두 단계가 있다. 첫 번째 단계는 방금 내가 묘사한 상태로, 대개 "사랑에 빠졌다"고 일컬어지는 단계이다. 이때는 우리 쪽에서의 노력이 필요치 않다. 우리는 그냥 "흐름에 따라" 관계를 즐긴다. 두 번째 단계는 훨씬 더 의도적이다.

시카고 공항에서 한 젊은 여성과 주고받은 대화가 기억난다. 그녀는 그레이트레이크스해군훈련소(Great Lakes Naval Training Center)에 있는 약혼자를 만나러 가는 길이었다. 그녀가 내 직업을 묻기에 나는 사람들이 결혼 관계를 위해 노력하도록 돕는 결혼 상담가라고 대답했다. 그러자 그녀는 매우 진지하게 물었다.

"왜 노력을 해야 하지요?"

사랑에 빠진 그녀에게 관계를 위해 노력해야 한다는 생각은 대단히 낯선 것이었다.

사실 "사랑에 빠진" 상태의 도취감이 사라진 후 낭만적인 사랑을 유지하기 위해서는 노력을 해야 한다. 그런데 이것이 어려운 이유는 내가 사랑받는다는 느낌을 주는 것이 상대방에게도 사랑받는다는 느낌을 주리라는 잘못된 생각 때문이다.

여러 해 전에 내 상담실에서 처음으로 이 같은 현실을 마주한 때가 기억난다. 그때 나는 결혼한 지 30년 된 부부와 상담하는 중이었다. 부인이 말했다.

"저는 사랑받는다는 느낌이 안 들어요. 우리는 같은 집에 사는 룸메이트 같아요. 저는 내적으로 너무나 외롭고, 이런 식으로 얼마나 더 버틸 수 있을지 모르겠어요."

내가 남편 쪽을 바라보자 그가 말했다.

"도대체 이해가 안 갑니다. 저는 아내에 대한 사랑을 보여주기 위해 제가 할 수 있는 것을 다 하는데도 아내는 여전히 사랑받고 있다고 느끼지 못하니까요. 달리 무엇을 더 해야 하는지 모르겠습니다."

그래서 내가 물었다.

"부인에 대한 사랑을 보여주기 위해 무엇을 하시는데요?" 그가 대답했다.

"아내보다 먼저 집에 도착해서 저녁 식사 준비를 합니다. 아내가 집에 도착해서 바로 식사를 할 수 있도록요. 식사 준비가 조금 늦어지면 아내가 거들어주고, 식후에 설거지는 제가 하지요."

그가 말을 이어가는 동안 나는 속으로 생각했다. '대체 이 여자가 하는 일은 뭘까?' 남편이 모든 일을 다 하는 것처럼 보였기 때문이다. 내가 부인 쪽을 바라보자 그녀가 말했다.

"맞아요. 남편은 일을 열심히 하지요. 하지만 저와 대화를 나누지는 않아요. 우리는 20년간 대화 없이 지냈어요. 남편은 늘 설거지를 하거나 개를 산책시키거나 그 밖의 다른 일을 합니다."

대충 그림이 그려지는가? 여기 아내에 대한 사랑을 나타내기 위해 그가 생각할 수 있는 모든 것을 다 하는 남편과 사랑받고 있다고 느끼지 못하는 아내가 있다. 두 사람과 만난 이후로 나는 비슷한 이야기를 하는 수많은 부부를 만났다.

결국 나는 "사람들이 배우자로부터 사랑받는다는 느낌이 들지 않는다고 말할 때, 그들은 무엇을 원하는 걸까? 혹은 무엇에 대해 불평하고 있는 걸까?"라는 질문에 대한 답을 찾기 위해 수년간 부부 상담을 하며 기록해둔 상담 일지를 읽어보기로 했다.

답은 5가지 범주로 구분되었고, 이것을 나는 나중에 '5가지 사랑의 언어'라고 부르게 되었다. 그러니까 나는 상담을 하면서 이

'사랑의 언어' 개념을 사용하기 시작한 것이다. 나는 남편들에게 이렇게 말하곤 한다.

"아내가 사랑받는다고 느끼기를 원한다면 아내의 사랑의 언어로 사랑을 표현해야 합니다."

그리고 아내들에게도 "남편이 사랑받는다고 느끼기를 원한다면, 남편의 사랑의 언어로 사랑을 표현해야 합니다." 라고 말한다. 나는 남편과 아내가 서로의 사랑의 언어를 발견하도록 돕고 그들에게 서로의 사랑의 언어를 사용하도록 권하곤 한다. 때때로 그들은 3주 만에 돌아와서, "사랑의 언어 개념이 모든 것을 바꿔놓았어요. 이제 집안 분위기가 완전히 달라졌어요." 라고 말한다. 아래에 5가지 사랑의 언어를 간략하게 소개하기로 한다. 읽으면서 어떤 것이 당신에게 가장 중요한지를 생각해보라.

인정하는 말
배우자를 인정하는 말을 하라.

"그 드레스를 입으니까 정말 근사한걸?" "당신이 나를 위해 해 준 것에 대해 정말 고맙게 생각해." "내가 당신에 대해 좋아하는 것 중 하나가 뭔지 알아? 미소야. 당신이 내게 미소 지으면 온 세상이 아름답게 보인다니까." 인정하는 말을 할 때에는 배우자의 외모나 그가 당신을 위해 한 일 또는 그의 성격 특성에 초점을 맞출 수 있을 것이다. 인정하는 말은 말로 할 수도 있고, 글로 할 수도 있으며, 심지어 노래로 할 수도 있다. 1장에서 인용한 "죽고 사는 것이 혀의 힘에 달렸다"는 고대 히브리 속담을 기억하는가?

어떤 사람들에게는 인정하는 말이 그들의 주된 사랑의 언어이다. 이런 사람들에게 인정하는 말을 해주면 그들은 아주 잘 지낼 것이다. 사랑받는다고 느낄 것이다. 반면에 그들에게 심한 말을 하거나 비난을 하면, 이는 그들의 가슴에 비수를 꽂는 격이다.

봉사
배우자를 위해 무언가를 하라.

음식을 만드는 것은 봉사다. 설거지를 하거나, 빨래를 개거나, 잔디에 물을 주거나, 세차를 하거나, 아기 기저귀를 갈아주는 것 모두 봉사다. 위에서 언급한 남편은 봉사라는 사랑의 언어를 구사하는 사람이었다. 남편이 이런 봉사를 하면 많은 아내들은 깊이 사랑받는다고 느낄 것이다. 문제는 그가 결혼한 여성이 이런 여성이 아니었다는 것이다. 봉사는 그의 아내의 사랑의 언어가 아니었다. 사실 그는 사랑을 표현했지만, 핀트가 어긋나 있었다.

"말보다 행동이 중요하다"는 말을 들어본 적이 있는가? 봉사가 당신의 사랑의 언어일 때 당신은 이 말이 참이라고 생각할 것이다. 그러나 모든 사람에게 다 참인 것은 아니다.

선물

선물을 주는 것은 사랑을 표현하는 보편적인 방식이다.

나는 상담을 공부하기 전에 문화인류학을 전공했는데, 선물이 사랑의 표현이 아닌 문화는 찾아볼 수 없었다. 선물은 그것을 받은 사람에게 "그 사람은 나를 생각하고 있었어. 그가 내게 준 것을 좀 봐."라고 말한다.

선물이 꼭 비싼 것일 필요는 없다. 나는 남편들에게 마당에 핀

민들레를 꺾어서 엄마에게 가져다주는 어린 자녀의 예를 따르라고 말하곤 한다. 민들레를 주라는 뜻이 아니다. 마당에 핀 꽃을 선물하라는 것이다. 마당에 꽃이 없다면 이웃의 마당을 보라. (꽃을 훔치지 말고 이웃에게 달라고 부탁하라.) 한 남편은 산책을 하다가 새의 깃털이 떨어져 있는 것을 보고 주워서 아내에게 가져다주면서 이렇게 말했다. "여보, 산책을 하다가 이 깃털을 발견하고 당신이 생각났어. 당신은 내 날개 밑으로 스치는 바람 같아. 사랑해." 그의 선물은 홈런을 쳤다. 그의 아내의 주된 사랑의 언어는 인정하는 말이고 두 번째로 주된 사랑의 언어는 선물이었기 때문이다.

선물이 당신의 배우자의 주된 사랑의 언어라면 배우자가 좋아할 만한 물건의 목록을 만들어보라. TV 광고를 보던 배우자가 "저것 정말 근사한걸" 하고 말하면 며칠 뒤에 그 물건이 집 앞에 도착해 있도록 함으로써 배우자에게 즐거운 놀라움을 선사하라. 신혼 초라 배우자의 사랑의 언어가 선물인 것은 알지만 어디서부터 시작해야 할지 모른다면 배우자의 형제들에게 아이디어를 구하라. 그들은 당신의 배우자가 좋아할 만한 것들을 알고 있을 것이다. 이번 달에 쓸 수 있는 여윳돈이 많지 않다면 배우자는 값비싼 선물을 기대하지 않을 것이다. 그럴 경우, 배우자가 좋아하는 막대사탕이 완벽한 선물이 될 수 있다. 중요한 것은 마음이라는 것을 기억하라.

함께하는 시간
배우자에게 온전히 관심을 집중하라.

소파에 앉아 TV를 시청하거나 같은 방에서 컴퓨터를 하라는 말이 아니다. 소파나 좋아하는 의자에 앉아서 텔레비전과 컴퓨터를 끄고 전화도 받지 않고 서로를 바라보며 말하고 들으라는 것이다. 산책을 하면서 이런저런 이야기를 나누라는 것이다. 예전에 그랬듯이 좋아하는 레스토랑에서 서로의 말에 귀 기울이라는 것이다. (곧 그런 날이 돌아올 것이다.) 지난 몇 년간 나는 레스토랑에서 각자 자신의 스마트폰을 들여다보고 있는 부부들을 보고 적잖이 놀랐다. 그들의 사랑의 언어가 함께하는 시간이 아니기를 바랄 뿐이다.

함께하는 시간이라는 언어에는 다양한 방법의 언어가 있다. 그중 하나는 부부가 함께 무언가를 하는 것이다. 주된 사랑의 언어가 함께하는 시간인 사람들에게는 무엇을 하느냐보다 어떤 것을 함께한다는 사실이 더 중요하다. 함께 화단을 가꿔도 좋고, 요즘 같은 시기에는 벽장이나 창고를 정리하는 것도 좋다. 중요한 것은 배우자와 함께 있으면서 그에게 완전한 관심을 주는 것이다.

신체 접촉
자연스러운 스킨십을 하라

부부 사이의 신체 접촉에는 손을 잡는다거나 키스를 한다거나 포옹을 한다거나 부부관계를 한다거나 배우자에게 커피를 따라주면서 그의 어깨에 손을 얹는다거나 운전을 할 때 배우자의 무릎에 손을 놓는다거나 하는 것 등이 있을 수 있다. 아주 오래전부터 우리는 신체 접촉의 힘을 알고 있었다. 우리가 아기를 안아주는 것도 그 때문이고, 아기가 사랑의 의미를 알기 한참 전부터 신체 접촉에 의해 사랑받는다고 느끼는 것도 그 때문이다.

이 5가지 사랑의 언어 중에 우리 각자의 주된 사랑의 언어가 있다. 이 중 어떤 하나가 나머지 넷보다 더 깊이 와 닿을 때 그것이 우리의 주된 사랑의 언어다. 우리는 5가지 사랑의 언어 모두로 사랑받을 수 있지만, 그 중 하나는 특히 의미 있게 다가온다. 그것은 실제 언어와 매우 비슷하다.

우리 각자에게는 우리가 가장 잘 이해하는 언어가 있으며, 그것을 우리는 "모국어"라고 부른다. 사랑도 마찬가지이다. 어떤 사람은 "저는 사랑의 언어가 2가지인 것 같아요"라고 말한다. 거기에 대한 나의 대답은 이렇다.

"아주 좋습니다. 당신 같은 분들을 우리는 이중언어사용자라고 부른답니다."

그러나 대부분의 사람들은 하나의 주된 사랑의 언어를 사용한다. 주의해야 할 점은 모든 남자들의 주된 사랑의 언어가 신체 접촉이라고 생각해서는 안 된다는 것이다.

내가 이런 이야기를 하는 이유는 너무나 많은 남자들이 자동적으로 "저는 제 사랑의 언어가 무엇인지 압니다. 바로 신체 접촉이지요." 라고 말하기 때문이다. 그들은 성관계에 대해 말하고 있는 것이다. 그러면 나는 그들에게 "성적인 것 이외의 다른 신체 접촉을 통해서도 사랑받는다고 느끼십니까?" 라고 묻는다. 처음에 그들은 "성적인 것 이외의 다른 신체 접촉도 있나요?"라고 묻기라도 하듯 놀란 토끼 눈을 하고 나를 바라본다. 그러면 나는 "당신이 아내와 함께 산책을 하는데 아내가 손을 잡았다고 합시다. 그럴 때, 당신은 사랑받는다고 느낍니까?" 라고 묻는다. 그가 "아니요, 산책할 때 손을 잡으면 거추장스럽지요." 라고 말한다면 나는 다시 이렇게 묻는다.

"아내가 커피를 따라주면서 당신 어깨에 손을 얹는다고 합시다. 그럴 때 당신은 사랑받는다고 느끼나요?"

그가 "그렇지는 않습니다."라고 말하면 나는 이렇게 말해준다.

"그렇다면 당신의 사랑의 언어는 신체 접촉이 아닙니다. 당신은 성관계를 좋아하지만, 그렇다고 신체 접촉이 당신의 사랑의 언어인 것은 아닙니다."

남성과 여성에게 각각 고유한 사랑의 언어가 따로 있는 것은 아니다. 5가지 사랑의 언어 중 그 어떤 것이라도 남성 혹은 여성의 사랑의 언어가 될 수 있다. 중요한 것은 배우자의 주된 사랑의 언어가 무엇인지를 알고 그것을 사용하는 것이다. 그렇다고 다른 사랑의 언어를 무시해도 좋다는 뜻은 아니다. 가끔은 다른 사랑의 언어를 사용할 수도 있을 것이다. 그러나 주된 사랑의 언어를 사용하지 않는다면 당신이 아무리 다른 사랑의 언어를 구사해도 배우자는 사랑받는다고 느끼지 못할 것이다.

이 장의 서두에서 예로 든 부인이, 남편이 봉사라는 사랑의 언어를 유창하게 구사해도 사랑받는다고 느끼지 못한 이유이다. 그녀의 사랑의 언어는 함께하는 시간이었다. 그녀가 "우리는 대화하지 않아요. 지난 20년간 대화 없이 지내왔어요." 라고 말한 것을 기억하라. 그녀의 남편은 성실했지만 그것만으로는 충분하지 않다. 결혼생활을 단단하게 만들기를 원한다면 배우자의 사랑의 언어를 배워서 사용해야 한다.

그렇다면 어떻게 해야 배우자의 주된 사랑의 언어를 발견할 수 있을까? 세가지 방법이 있다.

첫째, 배우자의 행동을 관찰하라. 배우자가 당신이나 다른 사람들에게 대체로 어떻게 반응하는가? 그가 늘 다른 사람들에게 선물을 주곤 한다면 그의 사랑의 언어는 선물이기가 쉽다. 사람들은 자신의 사랑의 언어를 사용하는 경향이 있기 때문이다. 배우자가 다른 사람들에게 격려의 말을 자주 하는 편이라면 그의 주된 사랑의 언어는 아마도 인정하는 말일 것이다.

둘째, 배우자가 가장 자주 불평하는 것이 무엇인지 관찰하라. 배우자의 불평에서 그의 사랑의 언어에 대한 단서를 얻을 수 있다. 만약 그가 "내가 먼저 시도하지 않으면 당신은 나에게 스킨 십을 하려고 하지 않을 거야." 라고 말한다면 그는 신체 접촉이 자신의 주된 사랑의 언어라고 말하는 셈이다. 그가 "가끔은 고맙다는 말을 들을 수 있었으면 좋겠어." 라고 말한다면 인정하는 말이 그의 주된 사랑의 언어이기가 쉽다.

셋째, 배우자가 가장 자주 요청하는 것이 무엇인지 관찰하라. 배우자가 자주 요청하는 것을 통해서도 그의 사랑의 언어에 대한 실마리를 얻을 수 있다. 그가 "여보, 저녁 식사 후에 산책하러 갈까?"라는 말을 자주 한다면 그는 함께하는 시간을 원하는 것이다. 당신이 가게에 가려고 집을 나설 때 배우자가 "내 선물 사오는 것 잊지 마." 라고 말한다면 아마도 선물이 그의 주된 사랑의 언어일 것이다. 이 3가지 방법을 종합하면 배우자의 주된 사랑의 언어를 보다 명확하게 알 수 있게 될 것이다.

당신이 흥미를 느낄 만한 또 한 가지 일은 5lovelanguages.com이나 '5가지 사랑의 언어' 공식 앱인 Love Nudge에서 무료로 '사랑의 언어' 검사를 받아보는 것이다. 이 검사는 30가지 문항에 답하면 당신의 주된 사랑의 언어와 두 번째로 주된 사랑의 언어를 알 수 있게 되어 있다.

당신은 여기서 얻은 결과를 위에서 제안한 3가지 방법을 통해 발견한 것과 비교해볼 수 있을 것이다. 어린이를 위한 사랑의 언어 검사와 십대를 위한 사랑의 언어 검사도 있다. 우리 모두가 서로의 사랑의 언어를 사용하면 집안 분위기가 어떻게 달라질지 상상해보라. 코로나19로 인해 주로 집 안에서 생활하는 요즘이 우리의 결혼생활과 자녀를 위한 최고의 시간이 될 것이다.

이 장에서 나는 당신의 결혼생활에 다시 사랑의 불꽃이 일게 할 정보를 제공하였다. 내가 동기를 부여할 수는 없다. 그러나 여기까지 읽었다면 당신은 이미 결혼생활을 되살릴 동기 부여가 된 것이다. 사랑에 대한 배우자의 필요를 만족시키는 것보다 더 중요한 것은 거의 없다. 당신의 배우자가 당신과 함께 이 장을 읽었다면 두 사람은 서로의 사랑의 언어를 발견하여 사용하기 시작했거나 날마다 사용하고 있을 것이다.

그러나 당신의 배우자가 이 장을 읽지 않았고 여기에 관심이 없을지라도 포기하지 말라. 당신이 몇 달 동안 계속해서 배우자에게 사랑의 언어를 사용한다면 배우자가 당신을 대하는 태도가 달라질 것이다. 사랑은 사랑을 북돋운다. 나는 부부 중 한 사람이라도 적절한 언어로 사랑을 표현할 때 두 사람의 관계가 개선되는 경우를 많이 보았다. '내겐 이런 데 쓸 에너지가 없어. 그런다고 무슨 도움이 되겠어? 그 사람은 달라지지 않아' 같은 생각이 들더라도 거기에 휘둘리지 말라. 긍정적인 태도를 가지라. '이건 도움이 될 거야. 썩 내키지는 않지만 나는 이렇게 하기로 선택했어. 결혼생활을 회복하기 위해 내가 할 수 있는 일을 하겠어'라고 생각하라. 나는 이 방법을 시도해보고 후회하는 사람을 본 적이 없다.

적용

❶ 당신이 배우자의 사랑의 언어를 이미 알고 있다면, 지금까지 얼마나 성실하게 그것을 사용해왔는가? 0~10까지로 평가해보라. 오늘 배우자의 사랑의 언어를 구사하기 위해 어떤 노력을 하겠는가?

_____

_____

_____

❷ 배우자의 사랑의 언어를 모르고 있었다면, 이 장에서 제시한 3가지 방법을 통해 배우자의 사랑의 언어를 발견하라. 온라인에서 무료로 당신과 배우자의 사랑의 언어를 검사해 볼 수도 있을 것이다.

❸ 0~10까지로 평가할 때 당신은 배우자에게서 얼마나 사랑받는다고 느끼는가? 배우자에게 다음의 질문을 해보라. "0~10까지로 평가할 때 당신은 내게서 얼마나 사랑받는다고 느껴? 점수를 높이려면 내가 어떻게 해야 할까?" 배우자의 대답은 그의 사랑의 언어가 무엇인지 알려줄 것이다. 비록 그가 이 장을 읽지 않았을지라도 말이다.

application

❹ 당신의 배우자가 당신과 함께 이 장을 읽었다면 차분히 앉아서 사랑의 언어에 대해 대화하는 시간을 가지라. 이제까지 함께 해온 세월을 돌아보고 특정한 시기에 사랑받고 있다고 느꼈거나 사랑받고 있다고 느끼지 못한 이유에 대해 이야기해보라. 당신과 배우자는 지금의 위기가 계속되는 동안 서로의 사랑의 언어에 초점을 맞추기로 합의할 수 있는가?

_____

_____

_____

❺ 당신의 배우자가 이 장을 읽지 않았고 또 여기에 대해 관심이 없다면 앞으로 몇 달간 배우자의 사랑의 언어를 사용하고 그 결과를 지켜보라. 당신의 사랑은 배우자의 사랑을 북돋울 것이다.

5 simple ways
to strengthen
your marriage

chapter 4

네 번째 방법

팀워크의 가치를 배우라

    결혼생활은 팀 스포츠와 같다. 성공적인 부부는 한 팀으로 일하는 법을 배운다. 운동선수들은 팀 내에서 모두 같은 임무를 맡고 있지는 않지만 같은 목표를 공유한다. 그들의 성공은 주로 각자 자신의 역할을 얼마나 잘하느냐에 달려 있다. 결혼생활은 두 사람이 한 팀이 되어 이루어가는 것이다.

    우리는 삶을 함께하기로 했다. 결혼생활을 하다 보면 매주 해야 할 일이 수백 가지이다. 우리 대부분은 누가 무엇을 해야 할지 결정하던 신혼 초를 기억한다.

우리의 결정은 대개 부모님을 모델로 하여 이루어진다. 아내의 어머니가 요리를 담당했다면, 아내는 요리를 자신이 해야 할 일로 여긴다. 남편의 아버지가 집 안의 요리사였다면 남편은 요리하는 것을 자신의 역할로 받아들인다. 이런 경우, 우리는 음식 준비를 할 때 누가 주된 역할을 맡을지에 대해 서로 타협해야 한다.

나는 수년간 예비 신랑 신부와 상담을 하면서, 그들에게 결혼한 후 정기적으로 해야 할 일들의 목록을 만들어보라고 권하곤 했다. 부지런한 사람들일 경우 목록은 길어지곤 했는데, 거기에는 장보기와 요리, 설거지, 청소, 욕실 청소, 잔디 깎기, 세차, 주유, 공과금 납부, 가계부 쓰기 같은 것들이 포함되어 있었다. 예비 신랑 신부가 목록을 작성하면 나는 그들에게 그 목록의 사본을 하나씩 건네주며 자신이 해야 할 일에는 자신의 이름을, 미래의 배우자가 해야 할 일에는 그의 이름을 적게 하고, 함께 해야 한다고 생각하는 일에는 두 사람의 이름을 다 적어 넣되 주로 책임을 맡을 사람의 이름에 밑줄을 긋게 했다. 이름 쓰기를 마친 뒤 그 목록을 보면 서로 상대방의 이름을 써넣은 항목이 몇 가지가 나온다. 이때가 타협이 필요한 때이다. 나는 예비 신부에게 묻는다.

"욕실 청소에 왜 약혼자의 이름을 적어 넣었나요?"

가장 흔한 대답은 "저희 집에서는 아버지가 욕실 청소를 하셨거든요"이다.

예비 신랑은 어머니가 욕실 청소를 하는 것을 보며 자랐기에 욕실 청소는 아내의 몫이라고 생각한다. 그러니까 문제는 "결혼해서 살 때 누가 욕실 청소를 할 것이냐"이다. 한 사람이 재빨리 자원을 하거나 "번갈아 가며 하는 게 좋겠다"고 말할 수도 있을 것이다. 그렇다면 그다음 단계는 한 달씩 번갈아 가며 할 것인지 아니면 매주 교대로 할 것인지를 정하고, 처음에 누가 먼저 시작할 것인지를 정하는 것이다. 각자의 역할을 정하는 데에는 확실히 타협이 필요하다. 그러나 결혼하기 전에 이런 문제들에 대해 의논한 부부는 결혼생활이 더 순탄할 것이다.

한번 결정을 했다고 해서 늘 같은 역할을 해야 하는 것은 아니다. 결혼한 후에 한 사람이 다른 사람보다 특정한 일에 더 재능이 있음을 발견할 수도 있다. 우리 부부의 경우, 아내가 매달 공과금을 내고 가계부를 쓰기로 했다. 하지만 네 달쯤 지나자 캐롤린이 말했다. "여보, 이 일은 당신이 할 수 없을까?"

내가 대답했다. "물론 내가 할 수 있지. 그런데 왜 그러는데?"

"이 일을 하면 속이 안 좋아서." 캐롤린이 말했다.

그 당시 나는 대학원생이었고, 우리는 둘 다 시간제 아르바이트를 하고 있었기 때문에 늘 예산이 빠듯했다. 그래서 나는 캐롤린의 말을 이해했고, 그때 이후로 지금까지 쭉 그 일을 맡아 해오고 있다. 가장 바람직한 것은 팀의 멤버들을 적재적소에 배치함으로써 승리 팀이 되도록 하는 것이다.

이제 당신의 이야기를 해보자. 당신은 결혼한 후 두 사람이 각자 해야 할 일에 대해 결정했는가? 결혼하기 전에 결정했는가 아니면 결혼해서 살면서 하나씩 결정해나가는 중인가? 많은 부부가 지난날을 돌아보며 말한다.

"우리는 이 부분에서 갈등이 심했어요."

사실 어떤 사람들은 "지금도 이 문제로 다툰답니다"라고 말한다. 한 사람이 배우자보다 더 많은 일을 한다고 느낄 수도 있다. 그들은 가사 분담이 불공평하다고 여긴다. 이처럼 두 사람의 다른 시각으로 인해 갈등이 빚어지는 경우도 많다. (갈등을 해소하는 건강한 방법에 대해서는 5장에서 다루기로 한다.)

하지만 지금은 당신과 배우자가 팀 내에서 할 역할에 합의했고, 또 결혼생활이 순조롭게 굴러간다고(적어도 순조롭게 굴러가고 있었다고) 가정하자. 그런데 코로나19로 인해 상황이 완전히 달라졌다. 당신은 더 이상 아침의 루틴(routine, 일상적으로 되풀이하는 일들—역주)을 따르지 않게 되었다. 두 사람 다 출근을 하지 않는다. 한 사람은 재택근무를 하고 다른 한 사람은 일을 그만두었다. 혹은 두 사람 다 재택근무를 하거나 두 사람 다 일자리를 잃었다. 한 사람은 "저녁형 인간"이고 다른 한 사람은 "아침형 인간"이라서, 출근할 필요가 없어진 지금 두 사람 중 하나는 평소보다 더 늦게까지 잠을 잔다. 자녀가 있다면 혼란은 가중된다. 두 사람 중 아침에 자녀를 학교에 데려다주던 사람은 이제 그 일을 하지 않게 되었다. 자녀의 아침 식사를 준비하던 사람은 이제 늦게까지 잠을 자고, 다른 한 사람은 아침에 어떻게 아이들의 허기를 달래야 할지 고민하게 되었다. 두 사람 중 한 사람이 아이들의 도시락을 쌌다면 이제 더는 그럴 필요가 없게 되었다. 예를 들자면 끝이 없지만, 이 정도면 충분할 것 같다. 당신은 새로운 현실 속에 살고 있으며, 팀 내에서의 당신 역할은 예전처럼 확실하지가 않다.

이 장은 팀 내에서의 각자의 위치에 대해 다시 생각해보는 장이 될 것이다. 나는 여기서 도움이 될 만한 세 가지 제안을 하고자 한다. 하지만 먼저 당신이 1-3장의 내용을 얼마나 잘 따라오고 있는지 살펴보기로 하자.

스스로에게 다음의 질문을 해보라.
'나는 언어 폭탄을 던지는 것을 중지했는가?'
'비난이 아니라 칭찬을 하는 데 초점을 맞추고 있는가?'
'지속적으로 배우자의 사랑의 언어를 사용하고 있는가?'

이 세 가지 방법을 연습하다 보면, 새로운 운동장에 적응해야 하는 이 시기에 당신과 배우자의 변화하는 역할에 대해 논의할 만한 긍정적인 분위기가 형성될 것이다.

어떤 역할에 조정이 필요한지에 초점을 맞추기 시작했다면, 첫 번째 제안은 선언이 아니라 질문으로 시작하기를 권한다.

다음의 두 가지 접근 방식의 차이점에 주목하라.

"여보, 우리 둘 다 새로운 상황에 적응하려고 애쓰고 있다는 걸 알아. 당신에게 가장 힘든 점은 무엇이고, 거기에 대해 내가 어떻게 도와주면 될까?"

이 문장을 다음의 문장과 비교해보라.

"당신이 육아에 더 신경 써야 해. 나 혼자 이 모든 것을 다 할 순 없어."

첫 번째 문장은 애정에 기초한 질문이고, 두 번째 문장은 요구이다.

'당신의 배우자가 애정에 기초한 접근 방식을 사용한다면 당신은 어떻게 반응하겠는가?'

'배우자가 자기 생각에 따르라는 식으로 접근하면 당신은 어떻게 대답하겠는가?'

질문은 배우자로 하여금 자신의 기분과 고충, 그리고 당신에게 바라는 것들을 이야기할 수 있게 해준다. 반면에 선언은 당신의 기분과 고충을 전달할 수는 있겠으나 배우자를 몰아세움으로써 그가 방어적으로 나오게 할 수 있다.

내 말을 오해하지 말기를 바란다. 당신의 배우자는 당신이 어떻게 느끼는지 알아야 한다. 다만 그에 앞서 먼저 그가 들을 준비가 되어 있는지 확인해야 한다는 뜻이다. 당신이 배우자를 어떻게 도와야 할지 묻는 질문은 배우자 역시 당신에게 같은 질문을 하게 할 분위기를 만들 것이다.

"자가격리 권고" 명령이 떨어지기 전에 도트의 역할은 가족을 위해 아침 식사를 준비하는 것이었다. 그녀가 식사 준비를 해놓고 출근하면 남편인 롭이 출근길에 아이들을 학교까지 태워다 주었다. 모든 게 순조롭게 돌아갔다. 도트는 "아침형 인간"이 아니었지만 별다른 불평 없이 그녀의 역할을 받아들였다. 그러나 아침에 집을 나설 사람이 아무도 없게 된 지금, 그녀는 조금 더 늦게까지 잠을 자고 싶었다. 하지만 아이들은 평소에 일어나는 시간에 일어나기 때문에 평소와 같은 시간에 아침을 먹여야 했다. 도트는 주로 집 안에서 생활하는 것의 장점 중 하나를 즐길 수 없다는 데 살짝 짜증이 났다. 롭이 "당신한테 가장 힘든 점이 무엇이고, 내가 어떻게 당신을 도울 수 있을까?"라고 물었을 때, 그녀는 곧바로 자신의 기분을 이야기하고 이 기간 동안 아이들의 아침 식사를 차려줄 수 있겠느냐고 물었다. 롭은 "아침형 인간"이었고, 그래서 기꺼이 그렇게 하겠다고 대답했다. 도트는 "당신은 세상에서 가장 좋은 남편이야."라고 말했다. 롭의 사랑의 언어는 인정하는 말이었기에, 그의 사랑 탱크의 눈금은 7에서 10으로 치솟았다. 롭이 그 질문을 하지 않았더라면, 도트는 한 주 동안 짜증을 쌓아두었다가 결국 폭발해서 이렇게 말했을 것이다.

"내가 조금 더 잘 수 있게 당신이 아이들 아침 식사를 차려줄 수는 없는 거야? 짜증 나 죽겠어, 정말."

이렇게 되면 이야기는 불행한 결말로 끝날 수 있다.

두 번째 제안은 시간을 가지고 두 사람의 성격이 어떻게 다른지 살펴보라는 것이다. 우리 모두는 우리가 삶에 반응하는 방식이 다르다는 것을 안다. 조금 전에 우리는 "아침형 인간"과 "저녁형 인간"에 대해 이야기했다.

나는 이것을 "종달새형"과 "올빼미형"이라고 부르곤 한다. 종달새는 일찍 일어나서 활동하는 반면('일찍 일어나는 새가 벌레를 잡는다.'), 올빼미는 밤에 일어나서 활동하고 아침이 오면 휴식을 취한다. 이 차이점을 존중하고 상대방을 변화시키려 하지 않을 때 우호적인 분위기가 형성된다. 목표는 두 사람의 차이점이 결혼 생활에 좋게 작용하는 방법을 찾는 것이다. 그것이 바로 위의 예화에서 도트와 롭이 한 것이다.

또 다른 상반되는 성격 유형은 "정리형"과 "뒤죽박죽형"이다. "모든 것을 제자리에!"가 정리형 인간의 슬로건인 반면, 뒤죽박죽형 인간이 가장 자주 하는 질문은 "그게 어디 있더라?"이다. 어떤 사람들은 차 키를 어디에 두었는지 잊곤 한다는 사실을 일찍 알면 알수록 우리는 승리 팀이 될 수 있다. 차고에 차 키를 걸어둘 고리를 단다든지 함으로써 배우자를 바꾸려 들지 말라. 그는 바뀌지 않는다.

한 남편은 "저는 아내의 테니스공에 차 키를 붙여놓았습니다. 아내가 테니스공을 엉뚱한 곳에 둘 리는 없다고 생각했으니까요. 그런데 제 생각이 틀렸습니다." 라고 말했다. 차라리 차 키

Chapter 4 팀워크의 가치를 배우라 / 71

를 세 벌쯤 만드는 편이 훨씬 낫다. 그 중 하나를 배우자에게 건네면서 "여보, 이걸 사용하도록 해. 다른 키는 나중에 내가 찾아볼게." 라고 말하는 것이다. 다른 키는 나중에 어딘가에서 나올 것이다. 어쩌면 냉장고 안에서 찾을 수도 있다. 서로에게 힘이 되어주라. 이 새로운 운동장에서 팀의 각 멤버를 위한 적당한 장소를 찾는 동안 성격 차이를 고려하라.

세 번째 제안은 배우자가 좋아하는 일을 발견하여 그 일을 할 수 있도록 도와주라는 것이다. 매기는 대학에서 영문학을 전공했고, 한때 작가를 꿈꾸었었다. 그러나 결혼한 후 일에 치여 글을 쓴다는 생각은 뒷전으로 밀렸다. 그 후 첫아이가 태어났고 뒤이어 둘째가 태어났다. 코로나19가 전 세계를 강타했을 때, 아이들은 1학년과 3학년이었다. 매기의 생활 리듬은 안정적이었고, 남편인 케빈과의 관계도 좋았다. 그러나 글을 쓰기에는 여전히 시간이 부족했다.

어느 날 오후, 케빈이 마당에서 아이들과 놀고 있을 때 매기는 컴퓨터 앞에 앉아서 글을 쓰기 시작했다. 그녀는 엄마와 아빠가 한 팀일 때 어머니로서 느끼는 기쁨에 관한 글을 썼다. 그런 다음 나중에 교정을 볼 생각으로 원고를 프린트해서 책상 위에 두었다. 그날 밤, 케빈이 아이들을 침대에 눕힌 뒤 그 원고를 읽어 보았다.

"글이 정말 좋은데, 매기?" 그가 말했다.

"오, 읽어봤어? 정말 괜찮은 것 같아?"

"응, 아주 좋아. 지역 신문사에 보내면 좋을 것 같아."

그것은 그녀에게 필요한 격려였다. 매기는 원고를 신문사에 보냈고, 그것은 다음 주 신문에 실렸다. 그다음에 매기가 무엇을 할지는 알 수 없지만, 이 모든 것은 케빈이 그녀를 격려했기 때문에 시작되었다.

우리 대부분은 살면서 하고 싶은 일이나 이루고 싶은 일에 대한 아이디어를 가지고 있다. 당신은 자신의 마음속에 무엇이 있는지 알고 있을 것이다. 하지만 배우자의 마음속에 무엇이 있는지도 알고 있는가? 아직 모른다면 지금 이렇게 물어볼 때이다.

"당신이 이 세상에서 뭐든 할 수 있다면 무엇을 하고 싶어?"

아마도 그는 한 가지 이상의 아이디어를 가지고 있을 것이다. 배우자가 목표에 도달하도록 돕는 것은 인생에서 아주 깊은 만족감을 가져다준다. 당신과 배우자가 한 팀이라는 것을 기억하라. 두 사람 중 하나가 성공하면 둘 다 성공하는 것이다. 당신은 지금의 이 위기 상황에서도 한 걸음을 더 내디딜 수 있다.

적용

❶ 코로나19 상황 이전에 당신은 팀 내에서 맡은 역할에 만족했는가? 만족하지 못했다면, 무엇을 변화시키고 싶은가?

_____
_____

❷ 코로나19 팬데믹 이후로 당신의 역할에 어떤 변화가 생겼는가? 어떤 변화에 대해 배우자와 상의하고 싶은가?

_____
_____

❸ 당신의 배우자에게 물어보라.

"지금 일어나고 있는 이 모든 변화의 한가운데서 당신을 가장 힘들게 하는 것은 무엇이고, 내가 어떻게 도와주면 될까?"

application

❹ 배우자와의 성격 차이 중 어떤 점이 가장 견디기 힘든가? 어떻게 하면 그런 차이점들이 결혼생활에 도움이 될 수 있을까?

_____

_____

_____

❺ 배우자에게 물어보라.

"인생을 생각할 때 당신이 정말로 하고 싶거나 이루고 싶은 게 뭐야? 당신이 그 목표를 이룰 수 있도록 내가 어떻게 도와주면 될까?"

5 simple ways
to strengthen
your marriage

다섯 번째 방법

날마다 차분히 경청하는 시간을 가져라

　우리는 종종 "차분히 앉아서 이야기하자." 라고 말하지만, 우리 대부분은 듣는 법을 배울 필요가 있다. 물론 들으려면 누군가 말을 해야 한다. 그러나 우리 중 많은 사람이 상대방의 말에 공감하면서 듣는 공감적 경청을 배운 적이 없다. 공감은 말하는 사람의 생각과 감정을 이해하려고 애쓰는 것이다. 상대방의 입장이 되어 그의 눈으로 세상을 바라보는 것이다. 우리에게는 이해하려고 듣는 게 아니라 반응하려고 듣는 타고난 성향이 있다. 상대방이 말하는 동안 그의 말을 이해하려고 애쓰기보다는 그

다음에 내가 무슨 말을 할지 생각하는 것이다.

여러 해 동안 부부 상담을 하면서, 나는 상담을 받으러 온 부부들에게 날마다 "나눔의 시간"을 갖고 "오늘 내게 일어난 일 3가지와 거기에 대해 내가 어떻게 느끼는지"를 나누도록 권해왔다. 그것은 바쁘게 돌아가는 일상 속에서 서로 연결되어 있도록 하기 위한 방법으로, 많은 부부가 이것이 유용한 방법임을 발견했다.

당신은 코로나19로 인해 주로 집 안에서 생활하게 된 요즘, 이런 방법이 왜 필요한지 의아할 것이다. 그러나 부부가 한 공간에 있어도 서로의 마음을 읽을 수 없는 게 현실이다. 당신은 배우자가 빨래를 개는 것을 보면서도 그가 무슨 생각을 하고 어떻게 느끼는지 알지 못한다. 같은 집에 있으면서도 수 마일은 떨어져 있는 듯한 느낌을 받을 수 있는 것이다. 당신이 시간을 내어 배우자의 말에 귀 기울일 때, 그것은 당신이 그와의 관계를 소중히 여긴다는 것을 전달해준다. 현재 날마다 "나눔의 시간"을 가지고 있지 않다면 한번 시작해보라.

자녀로 인해 조금 어려울 수도 있을 것이다. 하지만 이것은 당신의 결혼생활을 위해 중요한 일이니 시간을 내도록 하라. 아기가 자고 있을 때나 아이들이 잠자리에 든 이후의 시간을 활용할 수 있을 것이다. "나눔의 시간"은 정신적으로나 정서적으로 서로 연결되어 있기 위한 것이다. 그러나 이 장에서는 갈등 상황에서도 서로 연결되어 있는 법에 초점을 맞추고자 한다.

내가 40년간의 부부 상담을 통해 알게 된 바로는, 해결되지 않은 갈등의 대부분은 서로를 진정으로 이해하지 못한 데서 기인한다. 이해는 공감적 경청을 통해서만 가능하며, 갈등은 불가피하다. 갈등이 없는 부부는 없다. 왜? 우리는 인간이고, 인간은 서로 생각과 느낌이 다르기 때문이다. 우리는 한 사람 한 사람이 고유한 존재이며, 서로 다른 시각으로 세상과 우리가 처한 상황을 바라본다. 같은 상황에 직면해서도 배우자와 다른 감정을 느낀다. 요즘처럼 "사회적 거리 두기"가 시행되는 동안 당신과 당신의 배우자가 서로 완전히 다른 반응을 보이는 것도 당연하다. 두 사람 중 하나는 불안하고 두렵고 심지어 우울하기까지 한데 반해 다른 한 사람은 낙관적이고 희망적이며 심지어 평안하기까지 할 수도 있는 것이다. 우리는 우리의 성격과 살아온 이력에 의해 영향을 받는다.

트루디는 매우 불안정한 가정에서 성장했다. 그녀의 부모는 종종 언쟁을 벌였고, 그녀가 열세 살 때 결국 아버지가 집을 나갔다. 그녀의 어머니는 생활고와 씨름했으며 종종 우울해했다.

이는 현 상황에서 트루디가 왜 그토록 염려가 많은지를 설명해 준다. 그녀의 남편 존은 서로 사랑하고 지지하는 부모 밑에서 자랐다. 그의 부모는 어려움이 닥치면 한 팀이 되어 위기를 헤쳐나갔고, 존은 늘 안전하다고 느꼈다. 거듭 말하지만, 현재의 우리 마음 상태는 우리가 살아온 이력에 의해 영향을 받는다. 우리는 배우자가 우리와 같은 사고방식으로 현 상황에 반응하기를 기대할 수 없다.

현 상황에서 당신은 모든 게 보다 안정적이었을 때에는 알지 못했던 새로운 갈등 영역을 경험하게 될 수도 있다.

테드와 레이철은 아이들을 마을 반대편에 사는 레이철의 어머니 집에서 주말을 보내게 하는 문제로 언쟁을 벌였다. 레이철은 하루 24시간 엄마 역할에 지쳐 휴식을 필요로 했다. 반면에 테드는 레이철의 어머니가 코로나19로 미용실이 문을 닫은 기간에 미용사의 집에 다녀온 것을 알고 있었기 때문에 그 미용사의 집에 드나든 다른 손님들에게서 바이러스를 옮겨올 수도 있다며 아이들 맡기는 것을 반대했다. 어쩌면 당신도 "새로운" 갈등 영역을 발견했을지도 모르겠다.

갈등은 단순히 의견 차이에 불과한 것이 아니다. 남편은 연어를 더 좋아하는데 아내는 치킨을 더 좋아한다면 그것은 갈등이 아니라 선호의 문제일 뿐이다. 갈등은 두 사람의 의견이 서로 다른데 두 사람 다 상대방이 틀렸다고 확신할 때 빚어진다. 갈등은 언쟁으로 이어지고, 언쟁은 대개 상황을 악화시킨다. 남편은 아내가 이기적이라고 말하고, 아내는 남편이 무책임하다고 말한다. 서로에게 비난을 쏟아내면서 언쟁은 점차 과열된다. 그리하여 결국 두 사람 중 하나가 문을 쾅 닫고 나간다. 그렇게 갈등은 해결되지 않은 채 일단락된다. 그러다가 나중에 다시 갈등이 불거지면 그들은 이렇게 말한다.

"우리는 서로 안 맞아. 매사에 생각이 다르니 도저히 어떻게 해볼 도리가 없어. 이대로는 안 돼. 결혼생활에 종지부를 찍어야 해."

사실을 말하자면 이 두 사람은 갈등을 해결하는 법을 배우지 못한 것뿐이다. 나는 여기서 갈등을 해결함으로써 건강한 결혼생활을 이루어가는 법에 대한 기본적인 아이디어를 나누고자 한다.

갈등 해결의 중심에는 위에서 언급한 공감적 경청이 있다. 그러나 계획이 없이는 이것을 배우기가 쉽지 않을 것이다. 그러므로 우선 언쟁을 하기보다는 갈등을 해결하기로 합의하자. 그것은 그리 어려운 결정이 아니다.

그런 다음, 매주 "차분히 앉아서 경청하는 시간"을 가지고 한 가지씩 갈등을 해결해나가자(한 주에 한 가지씩이어야 한다). 1년은 52주이니, 1년이면 52가지 갈등을 다룰 수 있을 것이다. 첫 번째 가이드라인은 서로 번갈아 가며 말하라는 것이다.

먼저 두 사람 중 하나가 5분간 그의 입장과 시각에서 본 것들을 나눈다. 그리고 5분이 지나면 듣고 있던 사람이 자신이 제대로 이해했는지 확인하는 질문을 한다. 예컨대 당신의 배우자가 먼저 5분간 그의 생각을 말하고 나면 당신은 이렇게 물어볼 수 있을 것이다.

"당신 말은 그러니까 ~라는 거지? 맞아?"

이때 확인하는 질문을 원하는 만큼 많이 하되 당신의 의견을 제시하지는 말아야 한다. 이제 당신은 "듣는 사람"임을 기억하라. 배우자가 "맞아, 그게 내가 말하려던 거야. 내 기분이 그랬어." 라고 말할 때, 당신이 어떻게 반응하느냐가 대단히 중요하다. 당신은 배우자의 생각과 기분을 인정해주어야 한다. (이는 반드시 배우자의 시각에 동의해야 한다는 뜻은 아니다.) 당신은 이렇게 말할 수 있을 것이다.

"당신 말이 무슨 뜻인지 알 것 같아. 그리고 당신이 왜 실망했는지도 이해가 돼."

이렇게 말할 때 두 사람은 더 이상 적이 아니다. 두 사람은 친구이다.

이제 당신이 "말하는 사람"이 되어 5분간 말할 차례이다. 당신은 이렇게 말할 수 있을 것이다.

"이제 내 생각을 말해볼게. 내 입장을 이해해주기 바래."

그러면 당신의 배우자는 이제 "듣는 사람"이 되어 당신의 생각과 감정을 진심으로 이해하려는 마음으로 듣는다. 그리고 당신의 말이 끝나면 당신의 생각과 감정을 제대로 이해했는지 확인하는 질문을 한다. 그런 다음, 다음과 같이 당신의 생각과 감정을 인정하는 말을 한다.

"당신이 무슨 말을 하려고 하는지 알겠어. 왜 상처받았는지도 알겠고."

이렇게 되면 아직 갈등이 해결되지는 않았지만, 언쟁에서 이기려 하기보다는 해결책을 찾는 데 초점을 맞출 분위기가 형성된다.

주말에 아이들을 레이철의 어머니에게 맡기는 문제로 갈등을 빚었던 테드와 레이철 부부를 기억하는가? 그들이 서로의 시각에 진지하게 귀 기울일 때 테드는 "당신에게 정말로 휴식이 필요하다는 것을 알겠어. 당신이 얼마나 지쳤는지 이해가 돼."라고 말할 수 있었고, 레이철은 "무슨 말인지 이해했어. 당신이 얼마나 두려웠는지 알겠어." 라고 말할 수 있었다. 그다음 질문은 "이제 어떻게 할 것인가?"였다. 그들은 몇 가지 대안에 대해 의논한 끝에 토요일에 테드가 아이들과 함께 시간을 보내기로 합의를 보았다. 테드가 아이들을 데리고 교외로 나가 소를 구경한 후 집 뒤편의 숲으로 소풍을 가기로 한 것이다. 그러면 레이철은 아이들 걱정 없이 하루 동안 휴식을 취하거나 하고 싶은 일을 할 수 있을 터였다. 이것은 원래의 계획과는 달랐지만 두 사람 모두에게 만족스러운 해결책이었고, 아이들도 매우 좋아했다.

갈등을 해결하기 위해서는 종종 타협이 필요하다. 처음에 두 사람이 생각한 각기 다른 의견의 차이에서 합의점을 찾아야 한다. 아니면 두 사람 중 하나가 배우자의 아이디어에 따르기로 할 수도 있다.

예를 들어, 수전과 조지는 수입이 줄어들어서 예산의 일부를 삭감하기로 했다. 어떤 항목을 삭감할지 고민하던 중 수전은 조지가 지역 피트니스 센터에 등록한 것을 취소하는 게 좋겠다고 생각했다. 감염 위험 때문에 당분간은 피트니스 센터를 이용할 수 없는데 한 달 이용권이 너무 비싸기 때문이었다. 조지는 곧 다시 피트니스 센터를 이용할 수 있게 되기를 바랐기 때문에 등록을 취소하는 게 망설여졌다. 그들은 "차분히 앉아서 경청하는 시간"을 가졌고, 그리하여 조지는 화내는 일 없이 수전의 제안에 따르기로 동의했다.

어떤 갈등은 해결하기가 좀 더 어렵다. 우리는 서로의 생각을 듣고, 이해하고, 인정하면서도 합의에 이르지 못할 수 있다. 이런 경우, 각자 가능한 해결책을 모색하는 동안 잠시 합의를 미루자. 얼마나 시급한 사안이냐에 따라 다음 주나 다음 달에 다시 의논할 수 있을 것이다. 두 사람이 서로를 사랑하고 인정한다면 그 사이에 갈등으로 인해 관계에 금이 가지는 않을 것이다. 코로나19 상황에서 빌은 레베카에게 지금이 은퇴하기에 적당한 시기인 것 같다고 말했다. 어쨌거나 그는 은퇴할 나이였고, 언제 다시 일터로 돌아갈 수 있을지도 확실치 않았으며, 코로나가 종식된 이후에 과연 다시 일터에 복귀할 수 있을지도 의문이었다. 그러나 은퇴에 대한 생각은 레베카를 패닉에 빠뜨렸다. 주로 집 안에서 생활하게 된 요즘, 레베카는 빌이 하루 종일 집에 있는 것에 대해 마음의 준비가 되어 있지 않았다. 그들은 공감적 경청을 배운 적이 없었고, 그래서 심한 말다툼을 벌였으며, 그 후로 며칠간 서로 거의 말을 하지 않았다. 그들이 이 책에서 제안한 방법을 따랐더라면 서로의 생각과 감정을 이해하고 인정할 수 있었을 것이다. 그리고 잠시 합의에 도달하는 것을 미루고 한 달 뒤에 다시 의견을 나눴을 것이다. 그리하여 그 사이에도 계속해서 서로를 배려하고 지지할 수 있었을 것이다.

갈등은 해결될 수 있다. 우리는 서로 의견이 다를 수 있지만, 그 안에서 조화롭게 살 수 있는 해결책을 찾을 수 있다. 당신이 코로나19 상황 이전에 경험해본 적이 없는 새로운 갈등에 직면했을 때 이제까지 논의한 아이디어들이 도움이 되기를 바란다. 중요한 것은 서로의 생각과 감정을 이해하고 인정하려는 자세로 상대방의 말을 경청하는 것이다. 날마다 "나눔의 시간"을 갖고 매주 "갈등 해결의 시간"을 갖는 데에는 "차분히 앉아서 서로 경청하는" 마음가짐이 필요하다.

5 simple ways
to strengthen
your marriage

적 용

❶ 당신이 이미 날마다 "나눔의 시간"을 갖고 있다면 공감적 경청에 초점을 맞추라. 배우자가 말할 때 그의 눈으로 사물을 바라보려고 노력하라. 당신이 생각하는 것에 초점을 맞추지 말고 배우자의 생각과 감정을 이해하는 데 초점을 맞추라.

❷ 당신이 날마다 "차분히 앉아서 경청하는 시간"을 가지고 있지 않다면 배우자에게 그렇게 해보지 않겠느냐고 물어보라. 경청하는 시간을 가질 때에는 처음에 10~15분간 시간을 정해놓고 시작할 수도 있을 것이다. 각자 오늘 자신에게 있었던 일 몇 가지와 거기에 대해 어떻게 느꼈는지를 나누라. 이는 상대방이 생각하고 느끼는 것을 이해함으로써 서로 연결되어 있기 위함이다. 이 시간이 배우자의 말이나 행동을 비난하는 시간이 되지 않도록 주의하라.

❸ 매주 "갈등 해결의 시간"을 갖는 것을 고려해보라. 공감적 경청을 배우고 배우자의 시각과 감정을 인정하는 데 초점을 맞추라. 서로 번갈아 가며 말하고 들으라.

application

❹ 당신이 다수의 갈등 영역을 경험하고 있다면 중요한 순서대로 그 목록을 만들라. 그리고 배우자에게도 똑같이 하게 하라. 그런 다음, 매주 교대로 그 주에 논의할 주제를 선택하라. 그리고 갈등을 해결하는 3가지 방법(두 사람 모두에게 만족스러운 타협점 찾기, 한 사람이 다른 사람의 의견에 따르기, 잠시 합의를 미루기)을 탐색해보라.

❺ 당신은 예전에 갈등 해결에 얼마나 성공적이었는가? 갈등을 잘 해결하기 위해서는 어떤 단계를 거쳐야 할까?

_____

_____

_____

나가는 글

당신이 어떤 상황에 있든 지금까지 논한 5가지 제안이 당신의 결혼생활을 되살리는 데 도움이 되기를 바란다. 희망이 없다는 생각에 지지 말라.

지금은 넋 놓고 있을 때가 아니라 행동에 나서야 할 때다. 당신의 배우자가 이 책을 읽거나 여기에 나오는 아이디어들에 대해 이야기하고 싶어 하지 않더라도 아직 희망은 있다. 한 사람이 건강한 결혼생활을 만들어나갈 수 없는 것은 사실이지만, 한 사람이 첫 걸음을 내디딜 수는 있다.

이 책에 나오는 아이디어들을 실생활에 적용해나가다 보면, 보다 우호적인 분위기가 형성될 것이다. 당신의 말이나 행동은 좋은 쪽으로든 나쁜 쪽으로든 늘 배우자에게 영향을 미친다. 나는 당신이 좋은 쪽으로 영향을 미칠 수 있기를 바란다. 그러면 비록 당신의 배우자가 긍정적인 반응을 보이지 않을지라도 당신은 스스로에 대해 보다 좋은 느낌을 받게 될 것이다. 폭풍의 한가운데에서 자신이 옳은 일을 했다는 것을 알게 될 것이다.

앞의 장들이 전개되는 순서에는 의미가 있다. 말 폭탄 던지기를 그만두지 않으면 결혼생활은 나아지지 않을 것이고, 전쟁이 계속되는 한 평화는 없다. 폭탄 던지기가 멈출 때 우리는 자신의 잘못에 대해 사과할 수 있고, 우리가 사과하면 아마도 배우자는 우리를 용서해줄 것이다. 그러나 용서해주지 않는다고 해도 적어도 우리 쪽에서는 벽을 허문 셈이다. 그리고 나서 우리가 배우자의 사랑의 언어를 발견하여 사용한다면 이는 배우자의 가장 깊은 정서적 필요인 사랑에 대한 필요를 만족시킬 것이고, 그리하여 사랑이 양방향으로 흐를 때 우리는 팀워크의 가치를 훨씬 더 잘 배우게 될 것이다. 불확실성의 거친 파도가 우리가 타고 있는 배를 강타할 때 우리는 한 팀이 되어야 한다. 날마다 "차분히 앉아서 경청하는 시간"을 가지면 서로 사랑하고 지지하는 관계를 유지하는 데 도움이 될 것이다. 매주(혹은 필요할 때마다) "차분히 앉아서 경청하는 시간"을 가지며 갈등 해결을 위해 노력하면 계속해서 삶의 폭풍을 건강한 방식으로 마주할 수 있을 것이다.

이 책에 나오는 아이디어들이 도움이 되었다면 친구들과도 나누기 바란다. 우리 함께 건강한 결혼생활과 자녀를 위한 안전한 피난처를 만들어나갈 수 있을 것이다. 삶의 폭풍은 피할 수 없지만, 배가 파선되는 것은 피할 수 있다.

사명선언문

너희가 흠이 없고 순전하여……세상에서 그들 가운데 빛들로
나타내며 생명의 말씀을 밝혀 _ 빌 2:15-16

1. 생명을 담겠습니다
만드는 책에 주님 주신 생명을 담겠습니다.
그 책으로 복음을 선포하겠습니다.

2. 말씀을 밝히겠습니다
생명의 근본은 말씀입니다.
말씀을 밝혀 성도와 교회의 성장을 돕겠습니다.

3. 빛이 되겠습니다
시대와 영혼의 어두움을 밝혀 주님 앞으로 이끄는
빛이 되는 책을 만들겠습니다.

4. 순전히 행하겠습니다
책을 만들고 전하는 일과 경영하는 일에 부끄러움이 없는
정직함으로 행하겠습니다.

5. 끝까지 전파하겠습니다
모든 사람에게, 땅 끝까지, 주님 오시는 그날까지
복음을 전하는 사명을 다하겠습니다.

서점 안내

광화문점　서울시 종로구 새문안로 69 구세군회관 1층
　　　　　　02)737-2288 / 02)737-4623(F)

강남점　　서울시 서초구 신반포로 177 반포쇼핑타운 3동 2층
　　　　　　02)595-1211 / 02)595-3549(F)

구로점　　서울시 동작구 시흥대로 602, 3층 302호
　　　　　　02)858-8744 / 02)838-0653(F)

노원점　　서울시 노원구 동일로 1366 삼봉빌딩 지하 1층
　　　　　　02)938-7979 / 02)3391-6169(F)

분당점　　경기도 성남시 분당구 황새울로 315 대현빌딩 3층
　　　　　　031)707-5566 / 031)707-4999(F)

일산점　　경기도 고양시 일산서구 중앙로 1391 레이크타운 지하 1층
　　　　　　031)916-8787 / 031)916-8788(F)

의정부점　경기도 의정부시 청사로47번길 12 성산타워 3층
　　　　　　031)845-0600 / 031)852-6930(F)

인터넷서점　www.lifebook.co.kr